RÉGLEMENT

CONCERNANT

LES UNIFORMES

DES GÉNÉRAUX ET OFFICIERS

DES ÉTATS-MAJORS

DES ARMÉES DE LA RÉPUBLIQUE FRANÇAISE.

RÉGLEMENT
CONCERNANT
LES UNIFORMES
DES GÉNÉRAUX ET OFFICIERS
DES ÉTATS-MAJORS
DES ARMÉES DE LA RÉPUBLIQUE.

Le Ministre de la Guerre, après avoir soumis au Directoire exécutif les différentes parties qui doivent composer et distinguer les uniformes des Généraux et des Officiers des États-majors des armées de la République, les détermine de la manière suivante.

Article premier.

Uniforme des Généraux et des Adjudans-Généraux.

Les Généraux en chef, les Généraux de Division, les Généraux de Brigade et les Adjudans-Généraux portent un grand uniforme composé des trois couleurs nationales.

L'habit croisé de drap bleu national, doublé de même, le bas du revers dégagé en arrondissant, pour laisser tomber le devant de l'habit perpendiculairement le long de la cuisse.

Neuf gros boutons sont placés de chaque côté du revers.

Poche en travers et à trois pointes.

Trois gros boutons sur la patte de la poche.

L'habit est croisé sur le derrière.

Un gros bouton à la naissance, et deux dans la longueur des plis.

Collet renversé de drap écarlate, monté sur un collet droit d'un décimètre de haut.

Parement écarlate, avec patte de drap blanc, garnie de trois petits boutons.

Gilet blanc croisé, portant douze petits boutons de chaque côté.

Culotte blanche, portant six petits boutons au bas.

Bottes à l'Écuyer, la tige lisse, formant genouillère.

Manchettes de bottes, portant six boutons blancs.

Chapeau bordé, retapé militairement, l'aîle gauche arrêtée par une ganse en or, retenue par un petit bouton.

Cocarde Nationale.

Panache aux trois couleurs.

ART. II.

Distinction des Grades.

Les grades du Général en chef, du Général de Division, du Général de Brigade, et des Adjudans-Généraux, sont distingués par le dessin de la broderie de l'habit, par le Baudrier, par l'Écharpe et le Panache.

Du Général en chef.

La broderie de l'habit du Général en chef, est la même que celle de l'habit du Général de Division. *Voyez planches II et III.*

En général les broderies sont faites en fil d'or au passé.

L'Écharpe est de soie à trois bandes, l'une nacarat, la seconde blanche, la troisième bleue.

Les deux bouts de l'Écharpe sont brodés et terminés par une frange mêlée de torsades et de jasmins. *Voyez planche IV, fig. 1.*

Le Baudrier est fond blanc, bordure rouge; pour le dessin et pour la manière de monter le Baudrier: *Voyez la planche Ire.*

Le Baudrier est maintenu sur l'épaule droite par une ganse tressée en fil d'or, arrêtée par un petit bouton.

Le bord du Chapeau est le même pour les Généraux en chef, les Généraux de Division et les Généraux de Brigade. *Voyez planche VI, fig. 1.*

Le Panache est composé de trois plumes d'autruche, rouges, surmontées d'une aigrette blanche.

L'Aigrette est soutenue par un pied bleu.

Le modèle de l'Épée de commandement des Généraux en chef, de Division et de Brigade, se trouve *planche XIII. n°. 1.*

L'Épée pour les Généraux en chef, est donnée par le Directoire, avec cette inscription en or sur la lame: *Général commandant en chef.*

Du Général de Division.

La broderie de l'habit du Général de Division est conforme aux dessins des planches II et III.

Planche II.
- *fig.* 1.re Collet et Revers croisé.
- *fig.* 2e. Broderie de la veste.
- *fig.* 3e. Bouton des Généraux.

La Broderie du revers de l'habit va jusqu'au bas : elle est la même sur le derrière et dans les plis, pour les trois grades.

Planche III.
- *fig.* 1.re Ganse du Chapeau des Généraux.
- *fig.* 2e. Dragonne.
- *fig.* 3e. Parement.
- *fig.* 4e. Patte du Parement.
- *fig.* 5e. Poche.

Les Généraux de Division portent le baudrier, fond rouge, brodé sur écarlate ou sur maroquin : il est d'ailleurs construit de la même manière que celui des Généraux en chef. *Voyez planche Ire.*

La broderie du Baudrier est conforme au dessin : *planche XI, fig. 5.*

L'Écharpe est de soie nacarat.

La broderie et la garniture du bas de l'écharpe conformes au dessin : *planche IV, fig.* 2.

Le bord du chapeau des Généraux : *planche VI, fig. 1.*

Le Panache est composé de trois plumes d'autruche, rouges, surmontées d'une Aigrette blanche et bleue, ces couleurs mi-parties sur la hauteur : elle doit avoir deux décimètres de haut.

L'Épée de commandement est la même que celle du Général en chef, à l'exception que la lame ne porte point l'inscription précitée.

A la Planche II se trouve l'épée destinée pour les Ministres et pour les Ambassadeurs.

Planche II.
- *fig.* 4ᵉ. Monture de l'épée.
- *fig.* 5ᵉ. Bout du fourreau.
- *fig.* 6ᵉ. Garniture de la partie opposée de la garde.
- *fig.* 7ᵉ. Console servant de bouton.

Du Général de Brigade.

La broderie de l'habit du Général de Brigade est disposée de la même manière que celle du Général de Division, à l'exception du collet, du parement et des poches. *Voyez pour le dessin les planches V et VI.*

Planche V.
- *fig.* 1.re Collet et revers.
- *fig.* 2ᵉ. Broderies de la veste.

Planche VI.
- *fig.* 1.re Bord du Chapeau.
- *fig.* 2ᵉ. Parement.
- *fig.* 3ᵉ. Patte du parement.
- *fig.* 4ᵉ. Poche et devant de l'habit.

Le Général de Brigade porte le Baudrier bleu céleste. Il est construit sur le modèle de celui du Général en chef: *planche I.*

La broderie est la même que celle des Généraux de Division, à l'exception du parement, du collet et des poches, où il ne doit y avoir qu'une simple broderie, au lieu de deux qu'ont les Généraux de Division: *planche XI, fig. 5.*

L'écharpe est en soie bleu-céleste.

La garniture et la broderie des extrémités de l'écharpe conformes au dessin: *planche IV, fig. 2.*

Le panache est composé de trois plumes d'autruche, bleu-national, surmontées d'une aigrette blanche et rouge, mi-partie sur la hauteur.

La hauteur de l'aigrette est de deux décimètres.

L'épée de commandement conforme à celle du Général de Division.

Des Adjudans-généraux.

La broderie de l'habit des Adjudans-généraux est conforme aux planches VII et VIII.

Planche VII.
- *fig.* 1re. Collet et revers.
- *fig.* 2e. Dragonne.
- *fig.* 3e. Epaulettes.
- *fig.* 4e. Ganse du chapeau.

Planche VIII.
- *fig.* 1.re Bord du chapeau.
- *fig.* 2e. Parement.
- *fig.* 3e. Patte du parement.
- *fig.* 4e. Poche.
- *fig.* 5e. Bouton.

La broderie de la veste est la même que la baguette dentelée qui règne autour des revers et le long de l'habit.

Les Adjudans-généraux ne portent ni baudrier ni écharpe.

Ils portent un ceinturon de sabre à bélières et à porte-mousquetons.

Le dessin de la broderie du ceinturon: *planche IX, fig.* 7.

Le fond du ceinturon est noir.

Les bélières ont trois centimètres de largeur.

Elles sont garnies du dessin losangé, qui fait le fond du ceinturon.

Le ceinturon est agraffé avec la plaque : *planche IX, fig. 5* .

Courbure de la plaque, *fig. 6.*

Le panache des Adjudans-généraux est composé de trois petites plumes ou folettes, l'une blanche, l'autre rouge, et la troisième bleu-national.

Elles sont surmontées d'un plumet bleu, rouge, blanc en tête.

La hauteur totale du panache est de trois décimètres.

L'Adjudant-général porte un sabre de bataille à lame droite.

Art. III.

Des Aides-de-camp et des Adjoints aux Adjudans-généraux.

Des Aides-de-camp.

Les Aides-de-camp portent l'uniforme des régimens et des demi-brigades dont ils font partie, avec les marques distinctives de leur grade.

Ils sont distingués par un bracelet brodé et à franges, conforme au dessin : *planche IX, fig. I.*

Les couleurs du bracelet sont les mêmes que celles des écharpes des Généraux, auprès desquels ils font leur service.

Le plumet est sans plumes d'autruche ni folettes ; il est bleu, blanc, rouge et jaune en tête : hauteur trois décimètres.

Des Adjoints aux Adjudans-généraux.

Les Adjoints aux Adjudans-généraux portent l'uniforme des Corps auxquels ils sont attachés, avec les marques distinctives de leur grade.

Ils sont distingués par une broderie en or, au collet et au parement. *Voyez le dessin, planche IX, fig. 8.*

Ils portent un plumet sans folettes, vert, rouge, blanc, bleu en tête.

Le petit uniforme pour tous les grades ci-dessus désignés, est composé d'un frac, bleu-national.

Les grades sont distingués par la petite broderie.

La redingotte et le manteau de chaque grade se distinguent au collet qui est montant et à la rotonde, par la broderie du grade.

ART. IV.

Des Officiers du Génie.

L'uniforme des Officiers du Génie reste conforme aux dispositions de l'Arrêté du Directoire exécutif, en date du 5 Floréal de l'an V.

ART. V.

Uniforme des Commandans et Adjudans de place.

L'uniforme des Commandans et Adjudans de place, est basé sur l'Arrêté du Directoire exécutif du 11 Brumaire de l'an V.

Habit de drap bleu-national, coupé droit et sans revers, boutonné sur la poitrine, dégagé en arrondissant,

sant, au-dessous de la dernière boutonnière, pour laisser tomber le pan perpendiculairement le long de la cuisse, le derrière non croisé, l'habit doublé de la même étoffe.

Dix gros boutons sur le devant de l'habit.

Poches en travers et à trois pointes, trois gros boutons sur la patte.

Collet de drap écarlate, renversé et monté sur un collet droit de huit centimètres de haut.

Parement de même et en botte.

Trois gros boutons sur le parement.

Veste et culotte blanches.

La veste ou gilet non croisé.

Chapeau uni, bordé de ruban de velours noir, avec ganse en or, d'un centimètre de large, retenue par un petit bouton.

Cocarde nationale, sans panache ni plumet.

Le bouton timbré d'un faisceau d'armes, au-dessous les lettres R. F. autour les mots : *Etat-major des places*. *Voyez planche IX, fig.* 4.

Bottes à retroussis rabattus.

Épée uniforme d'infanterie.

Dragonne du grade.

Art. VI.

Distinction des Grades.

L'uniforme des Commandans de place se divise en en première et seconde ligne.

L'uniforme de première ligne est applicable à la première classe seulement.

L'uniforme de seconde ligne est commun aux trois autres classes.

Première ligne.

Les Commandans de place de première ligne portent le grand galon : *planche IX*, *fig.* 2. le long du devant de l'habit, sur le derrière et dans les plis.

Le Collet est bordé de deux rangs de galon. Le petit galon, même planche, *fig. 3*, se place en dehors, le grand galon en dedans, à cinq millimètres de distance l'un de l'autre.

Le parement est bordé de même, le petit galon en dehors, le grand en dedans.

La patte et le tour de la poche sont bordés du grand galon, le petit galon forme second rang au-dessous.

Seconde ligne.

Les Commandans de place de seconde ligne portent le grand galon le long de l'habit, sur le collet, sur le parement, sur la patte et autour de la poche, dans les plis et sur le derrière de l'habit.

Les Officiers-généraux commandans dans les places porteront le baudrier et l'écharpe de leur grade.

Des Adjudans de Place.

Les Adjudans de place portent le petit galon sur le collet, sur le parement, sur la patte et autour de la poche.

Les Adjudans de place seulement, portent l'épaulette de leur grade.

ART. VII.

Uniforme des Commissaires des Guerres.

L'habit des Commissaires des guerres est bleu-national, doublé de même, agraffé sur la poitrine.

Collet bleu renversé, monté sur un collet droit, de huit centimètres de haut.

Revers écarlate.

Paremens bleus.

Patte du parement, blanche, garnie de trois petits boutons.

Poches en travers.

La patte a trois pointes.

Trois gros boutons sur la patte.

Veste et culotte blanches.

Chapeau uni retapé militairement, l'aîle gauche retenue par une ganse en or, d'un centimètre de largeur, arrêtée par un petit bouton.

Cocarde Nationale.

Plumet sans plumes d'autruche ni follettes, bleu, blanc, rouge, vert en tête.

Bottes à l'écuyer.

Ceinturon noir agraffé par une plaque en or moulu. *Voyezle dessin planche XII, fig. 4.*

L'Épée d'Officier d'infanterie.

Dragonne correspondante au grade.

Les Commissaires des guerres portent, dans l'exercice de leurs fonctions, la décoration administrative militaire, en sautoir,s ur l'habit.

Art. VIII.

Distinction dcs Grades.

Des Commissaires - ordonnateurs en chef.

Les Commissaires-ordonnateurs en chef portent deux

boutonnières, dites brandebourgs, sur le collet, et neuf sur le revers. *Voyez planche X, fig.* 1re.

Planche X. { *fig.* 2e. Poche.
fig. 3e. Paremens.
fig. 4e. Patte du parement.
fig. 5e. Bouton commun à toutes les classes.

La baguette ondée qui borde le collet et le revers, règne le long du devant de l'habit, sur le derrière et dans les plis.

Le derrière de l'habit est croisé.

Des Ordonnateurs de Division.

Les Commissaires ordonnateurs de division, portent sept brandebourgs aux revers.

La baguette lisse qui borde le collet et le revers, règne sur toutes les parties de l'habit, comme celle de l'Ordonnateur en chef. *Voyez pour le surplus la planche XI.*

Planche XI. { *fig.* 1.re Collet et revers.
fig. 2e. Paremens.
fig. 3e. Patte du parement.
fig. 4e. Patte de la poche.
fig. 5e. Dessin du Baudrier des Généraux de Division et de Brigade.

Des Commissaires ordinaires des guerres.

Les Commissaires ordinaires des guerres, portent sept boutonnières lisses, brodées sur le revers, et trois sur la patte de la poche.

La baguette lisse règne sur toutes les parties de l'habit, comme celle de l'Ordonnateur.

Les autres parties de la broderie de l'habit, conformes aux dessins de la planche XII.

Planche XII.
- *fig.* 1re. Collet et revers.
- *fig.* 2e. Parement.
- *fig.* 3e. Patte du parement.
- *fig.* 4e. Plaque des Commissaires des guerres.

Les Officiers réformés de tous grades porteront le bouton nº. 2, *planche XIII.*

ART. IX.

Uniforme des Officiers de santé.

L'uniforme des Officiers de santé aux armées, près les corps et aux hôpitaux militaires, se distingue par les trois fonctions, de Médecin, de Chirurgien et de Pharmacien.

Ces trois fonctions sont reconnues à la couleur du collet, du revers et du parement. La couleur du fond de l'habit est commune à tous les Officiers de santé.

Les classes se distinguent par la broderie.

La broderie est la même pour toutes les classes correspondantes dans les trois fonctions.

L'habit des Officiers de santé, est de drap bleu-national, piqué de blanc sous le rapport d'un-trente-deuxième.

Les collets, revers et parement, sont de velours.

Le bouton est surdoré, timbré au milieu d'un faisceau formé de trois baguettes entourées du serpent d'Epidaure, surmonté d'un coq à aîles déployées. Le tour du bouton est orné d'une guirlande de feuilles de laurier.

Distinction des fonctions.

Les Médecins portent le collet, le revers et le parement de velours noir, la veste et la culotte du même drap que l'habit, la veste blanche en été : la doublure de l'habit de la même étoffe ; elle est la même pour tous les Officiers de santé.

Les Chirurgiens portent le collet, le revers et le parement de velours cramoisi, veste rouge, culotte de la même couleur que celle de l'habit, veste blanche en été : la doublure de l'habit est de la même étoffe.

Les Pharmaciens portent le collet, le revers et le parement de velours vert-bouteille, la veste écarlate, et la culotte du même drap que l'habit, la veste blanche en été.

Distinction des Classes.

Des Inspecteurs-Généraux du service de santé.

L'habit des Inspecteurs-généraux du service de santé, est coupé droit, sans revers, boutonné sur la poitrine, dix gros boutons sur le devant, dégagé en arrondissant, en partant du dessous de la dernière boutonnière, pour laisser tomber le devant de l'habit perpendiculairement le long de la cuisse. L'habit non croisé sur le derrière. Collet renversé, monté sur un collet droit de huit centimètres de haut, poches en travers ; trois gros boutons sur la patte. La manche de l'habit ouverte en dessous ; elle porte trois petits boutons, dont deux sur le parement.

Chapeau uni retapé militairement, cocarde nationale retenue à la partie gauche, par une ganse en or, d'un centimètre de large : la ganse arrêtée par un petit bouton.

Épée d'Officier d'infanterie.

Dragonne avec torsades.

Bottes à retroussis rabattus.

Les Inspecteurs généraux du service de santé portent sur toutes les parties de l'habit une broderie large de trois centimètres.

Les Officiers de santé en chef près les armées, les Officiers de santé supérieurs près les Hôpitaux militaires, en vertu de la loi du 11 Frimaire, an VI; leurs adjoints et les Officiers de santé des trois classes portent l'habit à revers agraffé sur la poitrine, collet renversé, monté sur un collet droit de huit centimètres de haut, manches ouvertes en dessous; trois boutons, dont deux sur le parement, poches en travers et à trois pointes, trois gros boutons sur la patte.

Chapeau, épée et bottes de la même manière que les Inspecteurs-généraux.

La dragonne est celle du grade correspondant à chaque classe.

Les Officiers de santé en chef près les armées, portent neuf boutonnières brodées sur le revers de l'habit, deux sur le collet, deux sur le parement, trois sur la patte de la poche.

Une baguette brodée, large d'un centimètre, règne autour de toutes les parties de l'habit.

Les Adjoints aux Officiers de santé en chef portent la même broderie, à l'exception qu'ils n'ont que sept boutonnières sur le revers.

Les Professeurs des hôpitaux militaires d'instruction portent la même broderie et le même nombre de boutonnières sur le collet, le revers, le parement et la patte de la poche; les autres parties de l'habit ne sont pas brodées.

Les Officiers de santé de première classe portent les

mêmes boutonnières sur le collet, le revers, le parement et la patte de la poche; elles ne sont point accompagnées de la baguette brodée.

Les Officiers de santé de seconde classe portent deux boutonnières brodées sur le collet, et deux sur le parement.

Les Officiers de santé de troisième classe portent deux boutonnières brodées sur le collet seulement.

Les Officiers de santé aux armées et près les corps, portent au chapeau un plumet rouge, noir en tête.

Les Officiers de santé près les corps, portent l'uniforme de la classe dans laquelle ils sont compris, et le bouton d'uniforme du corps auquel ils sont attachés.

Les dessins originaux des planches gravées qui accompagnent le présent réglement et ceux des parties qui n'ont pas pu y être jointes, sont au dépôt général de la guerre, pour y être consultés dans le besoin.

Le Ministre de la guerre ordonne aux Généraux en chef près les armées, et aux Généraux commandans dans les divisions militaires territoriales, de donner connoissance du présent réglement, ausitôt sa réception, aux troupes sous leurs ordres; de tenir la main à ce que chacun, en ce qui le concerne, s'y conforme sans délai, et à ce que nul autre que les officiers qui y sont compris ne porte, en tout ou en partie, les uniformes qui y sont réglés.

Les parties qui pourroient avoir été omises dans le présent réglement, seront rappellées par des articles supplémentaires.

Approuvé par le ministre de la guerre.

Signé Schérer.

De l'Imprimerie de Ballard, Imp. du Département, rue des Mathurins.

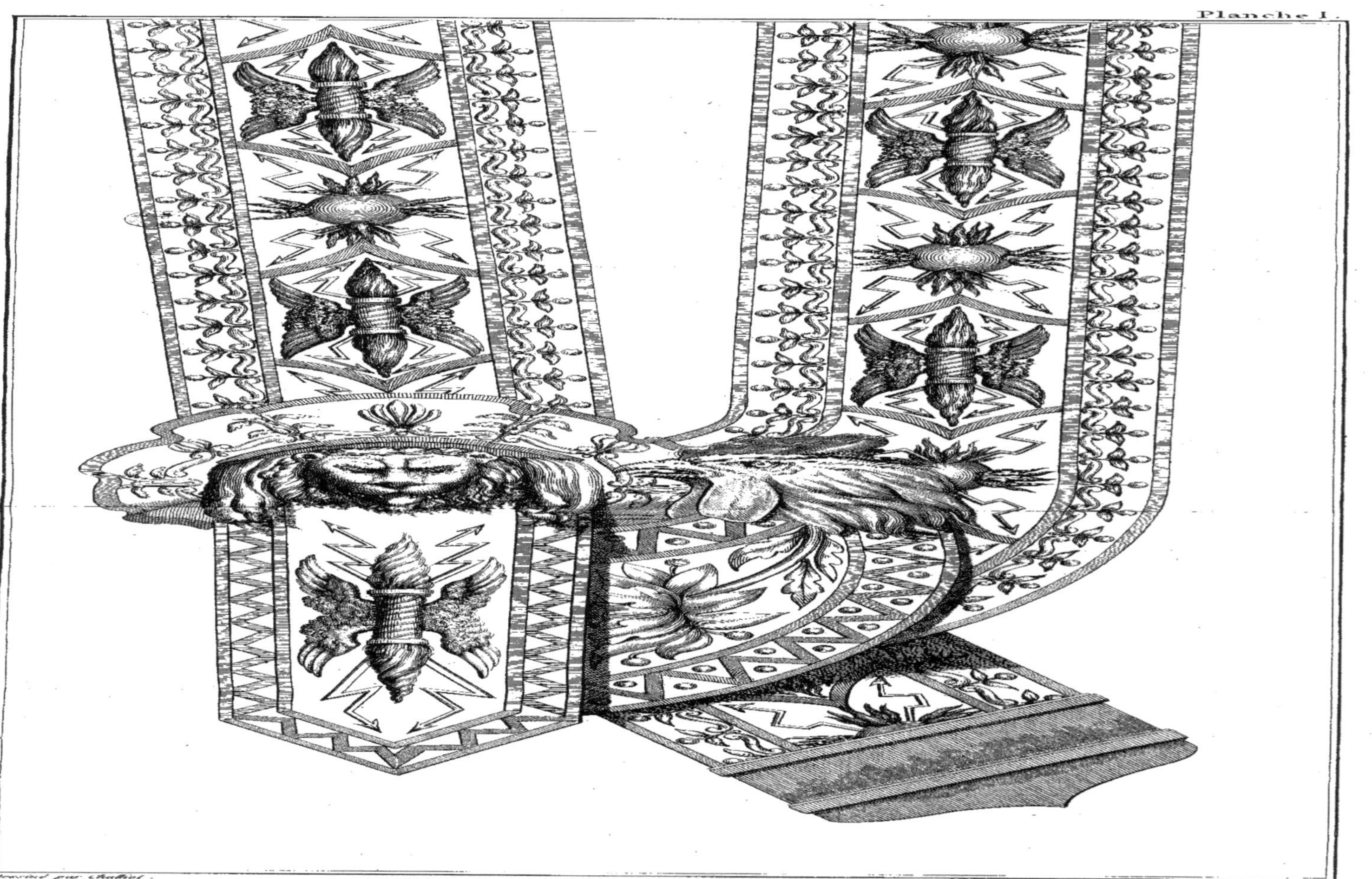

Dessiné par Challiot.

Gravé par Godefroy.

Planche II.

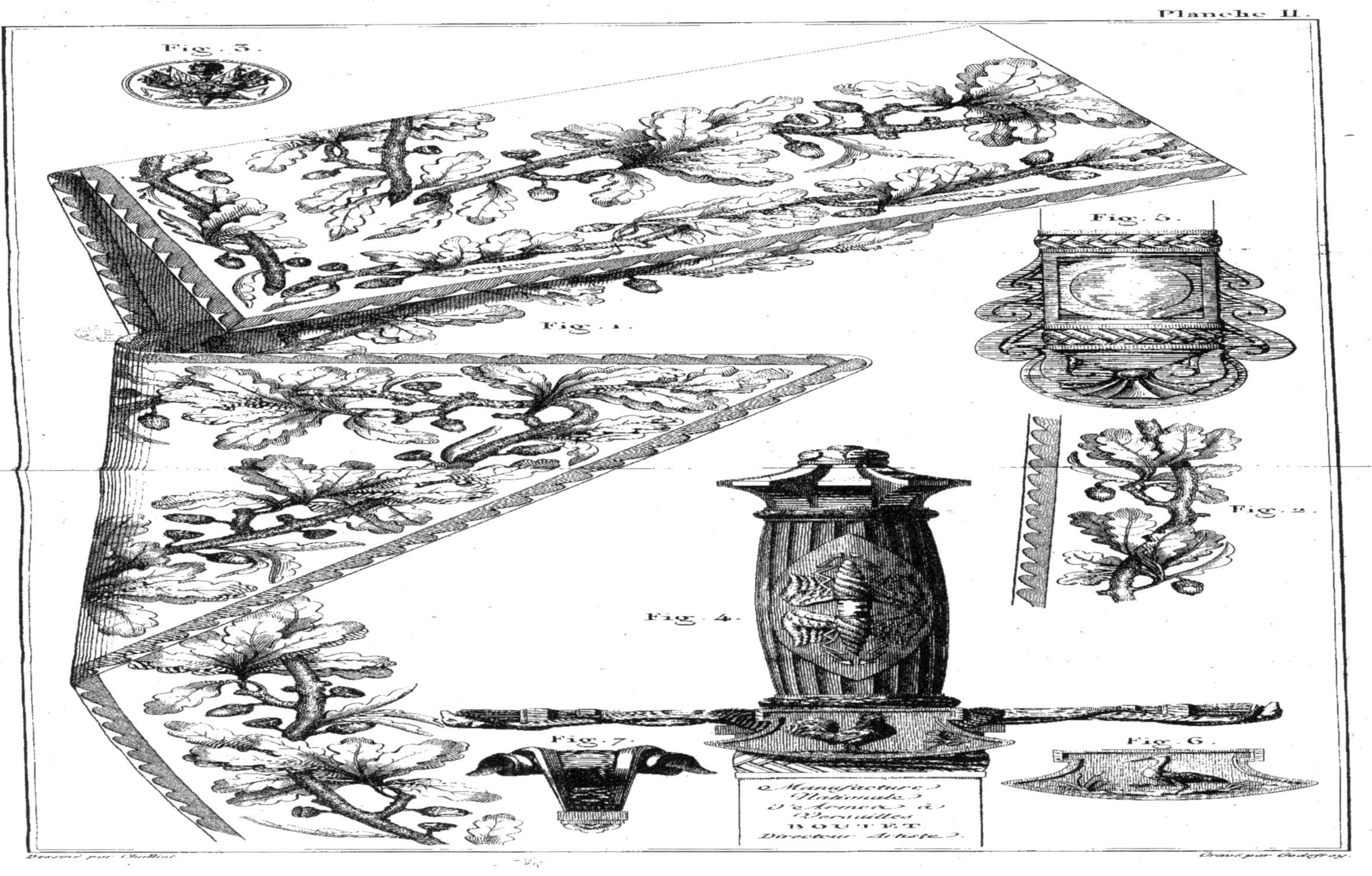

Dessiné par Challiot. Gravé par Godefroy.

Planche III.

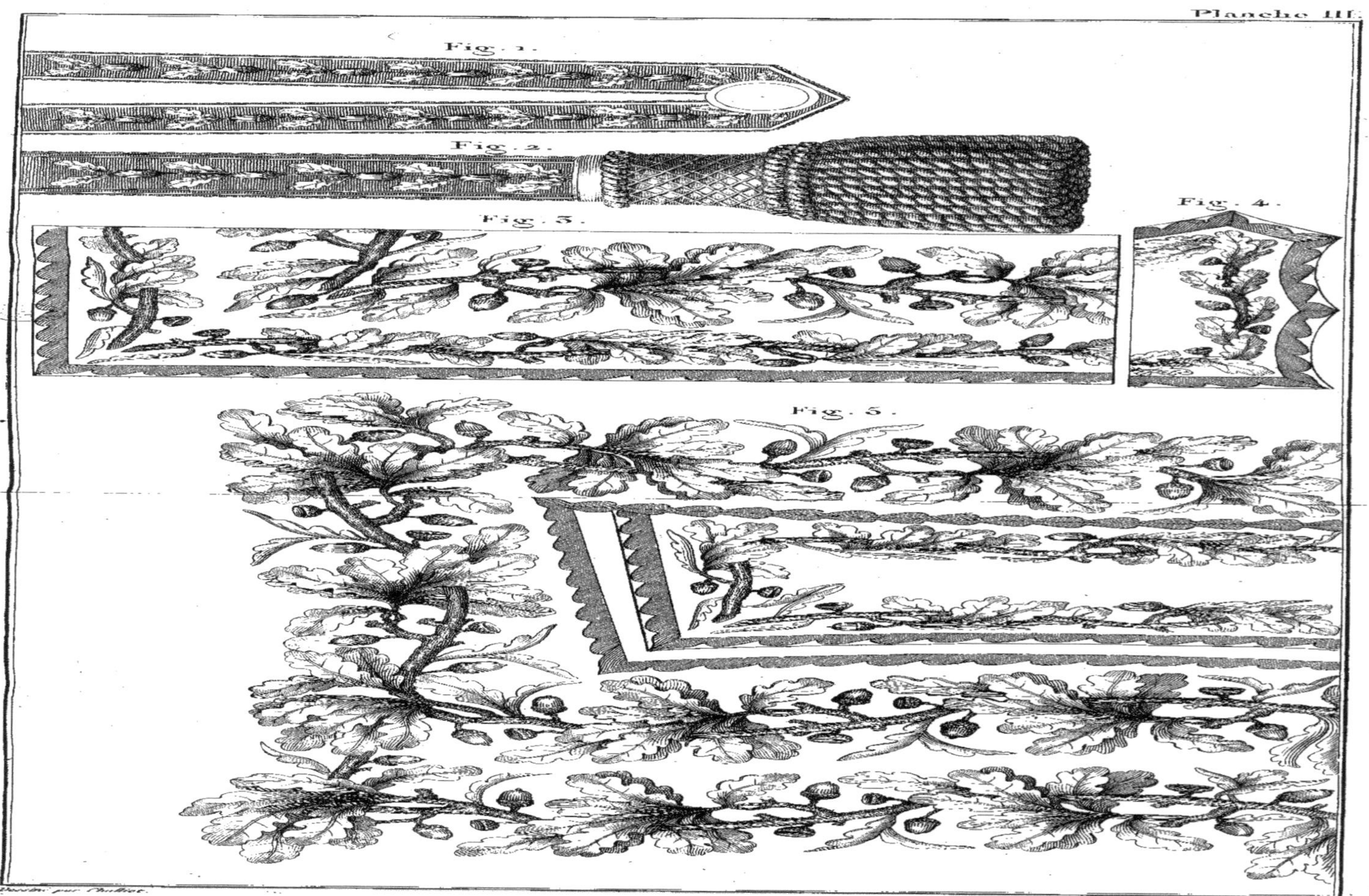

Planche IV.

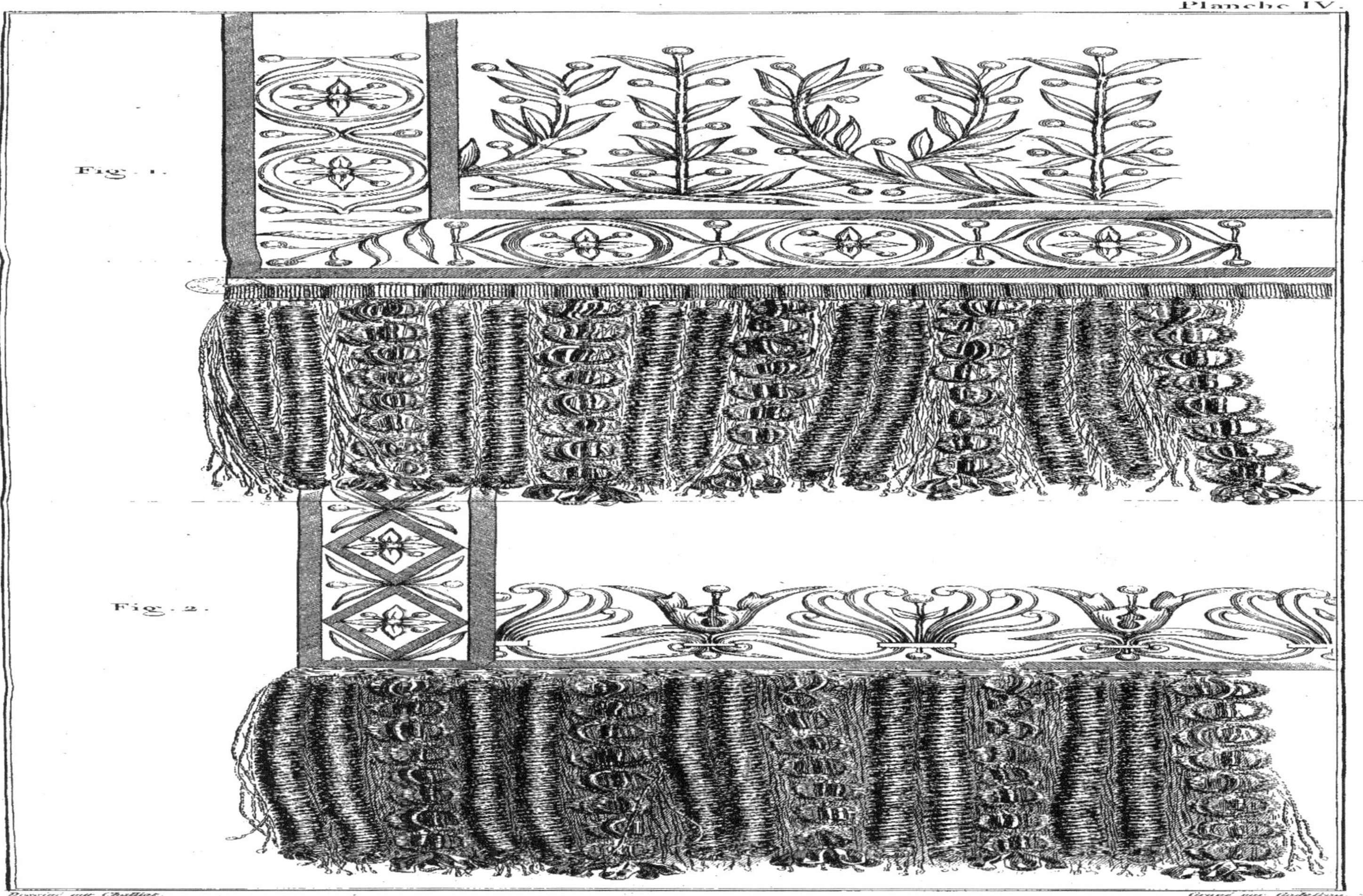

Dessiné par Challiat. Gravé par Godefroy.

Planche V.

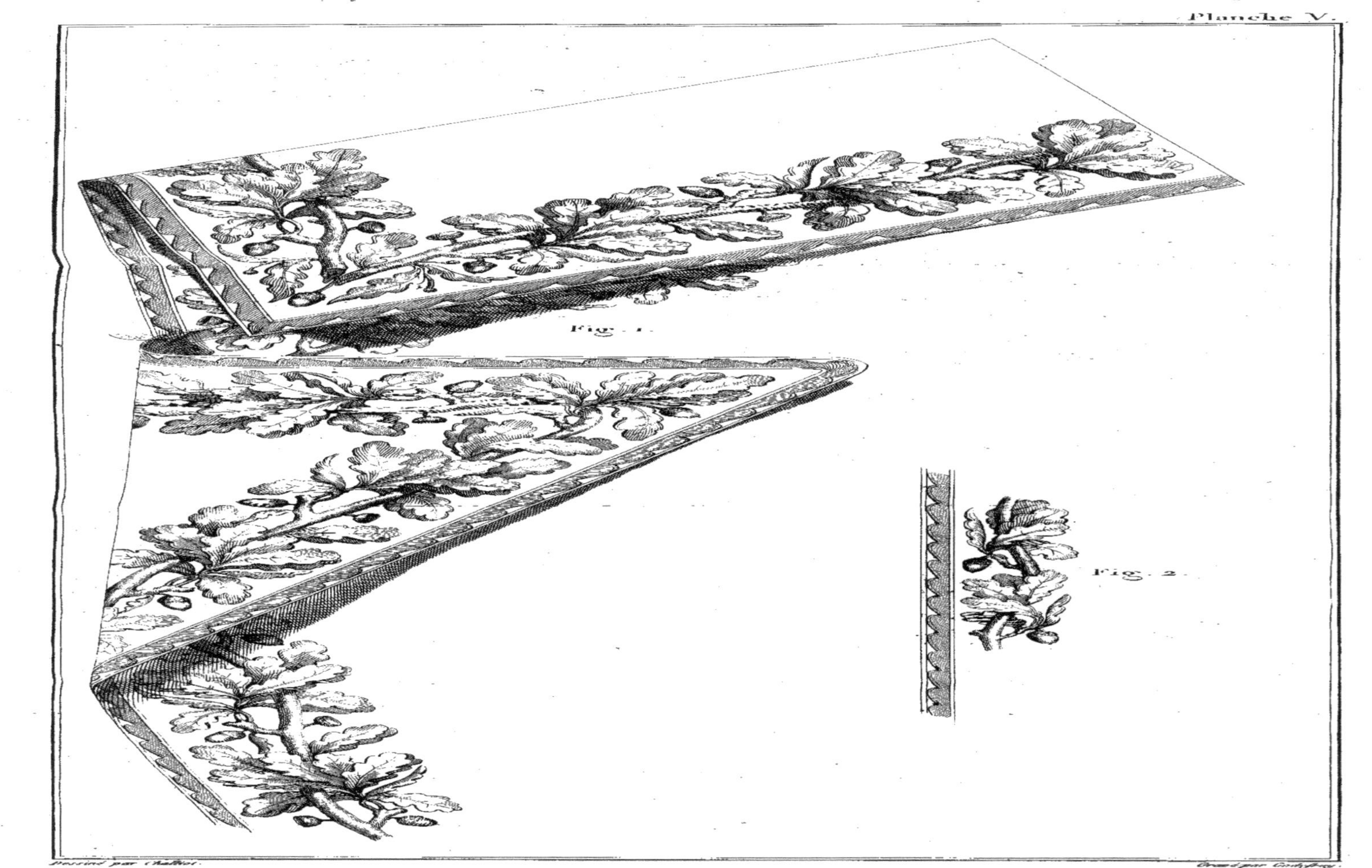

Planche VI.

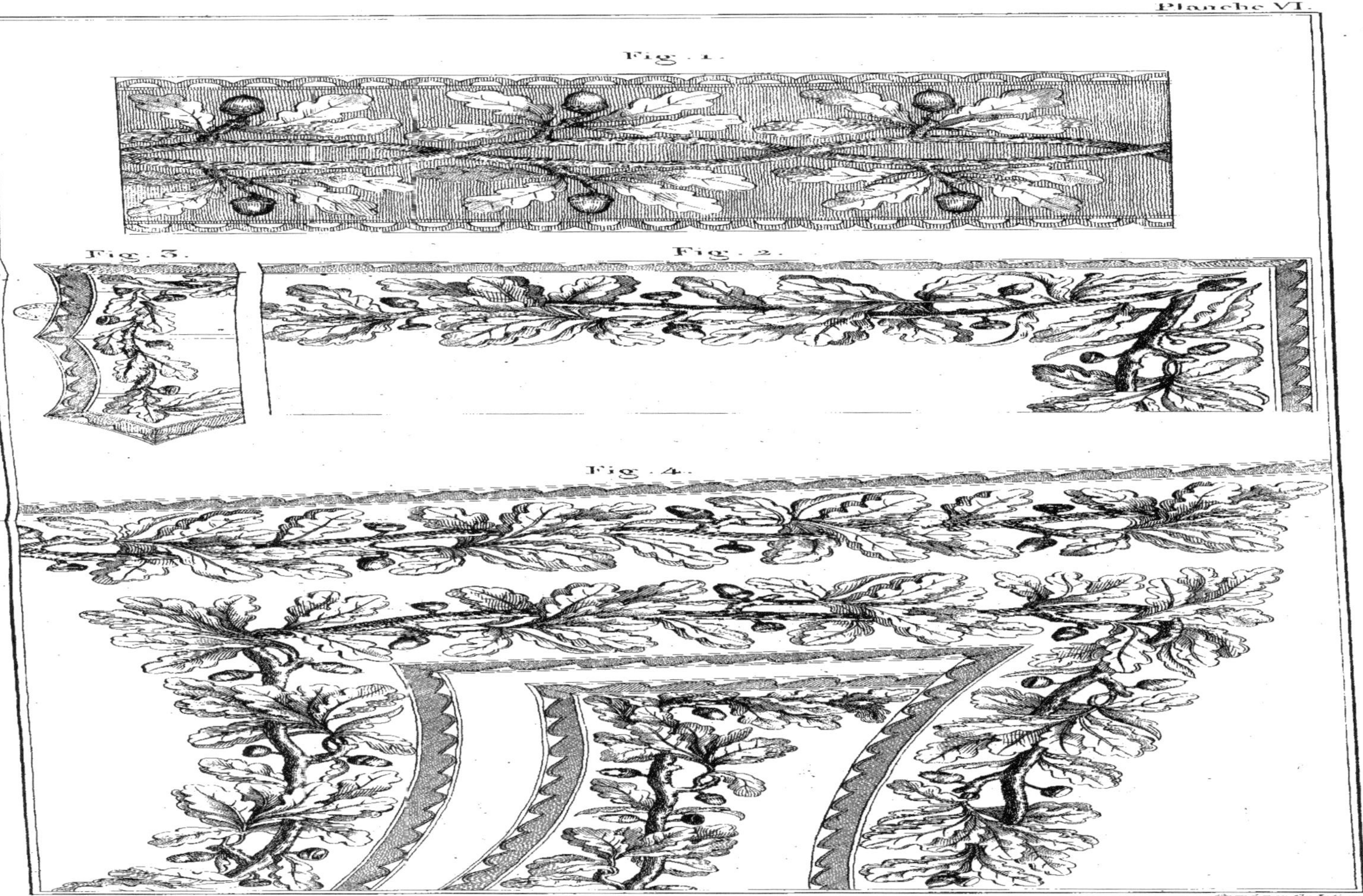

Planche VII.

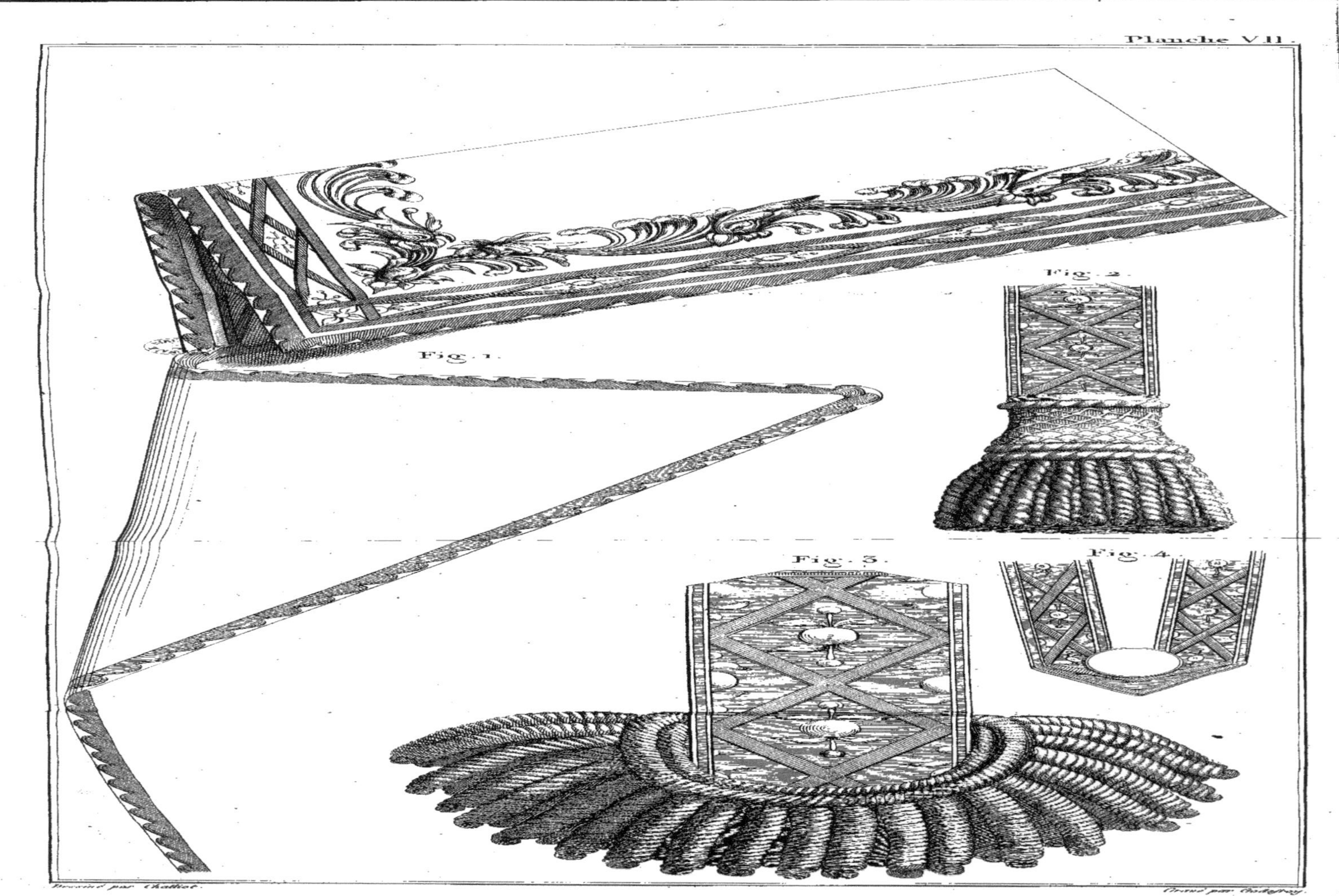

Planche VIII.

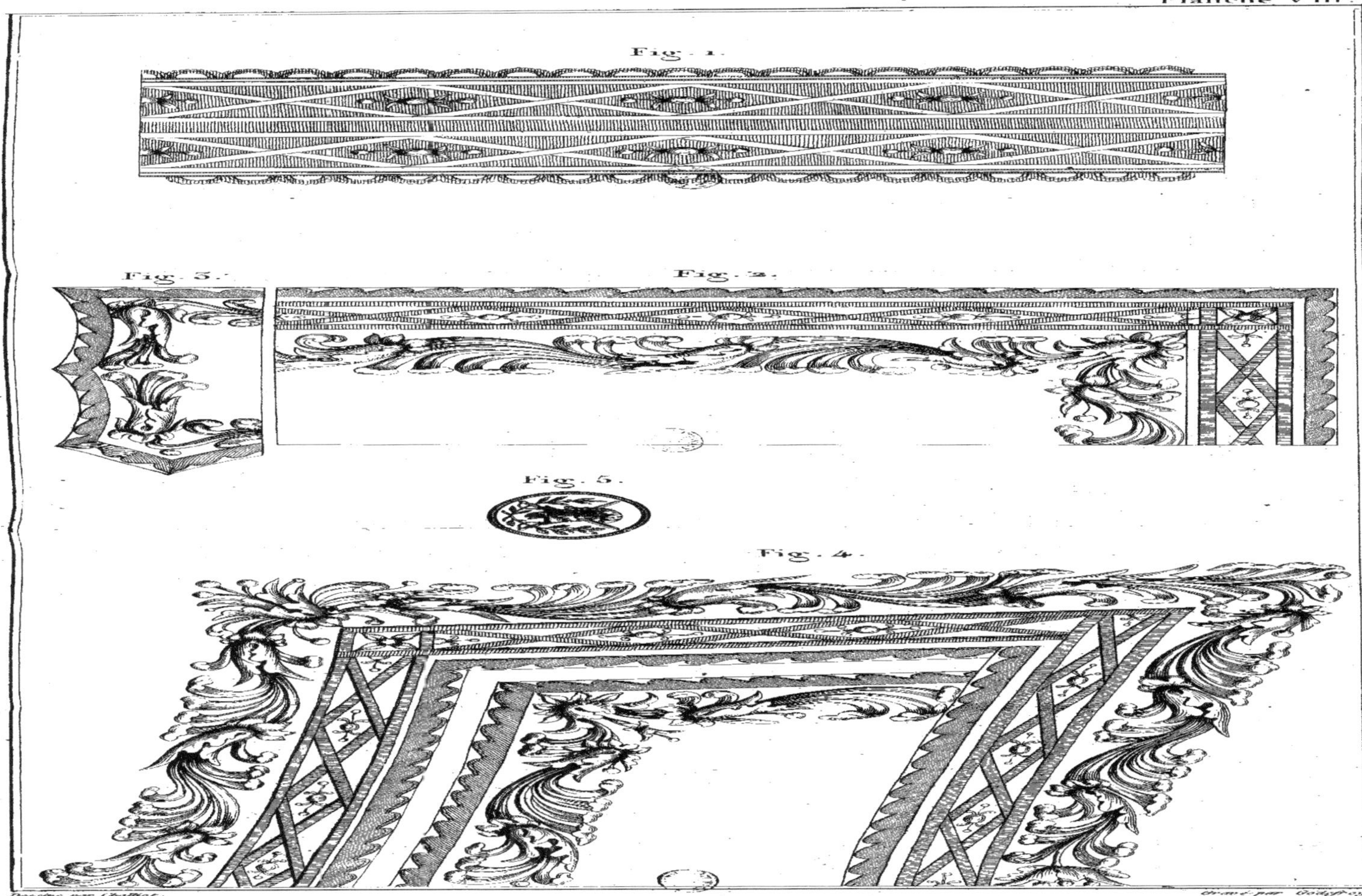

Dessiné par Chalmot. Gravé par Godefroy.

Planche IX.

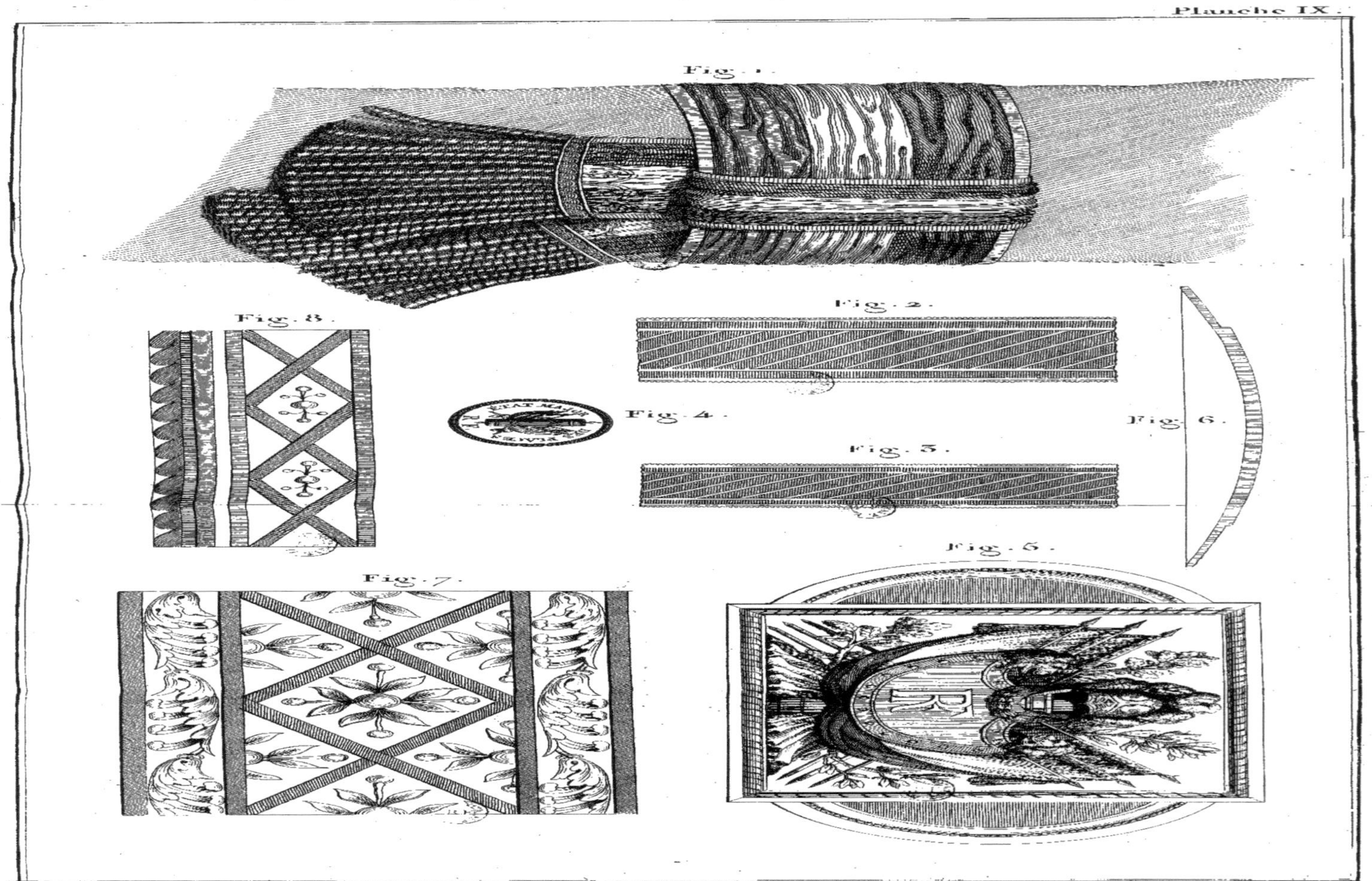

Planche X.

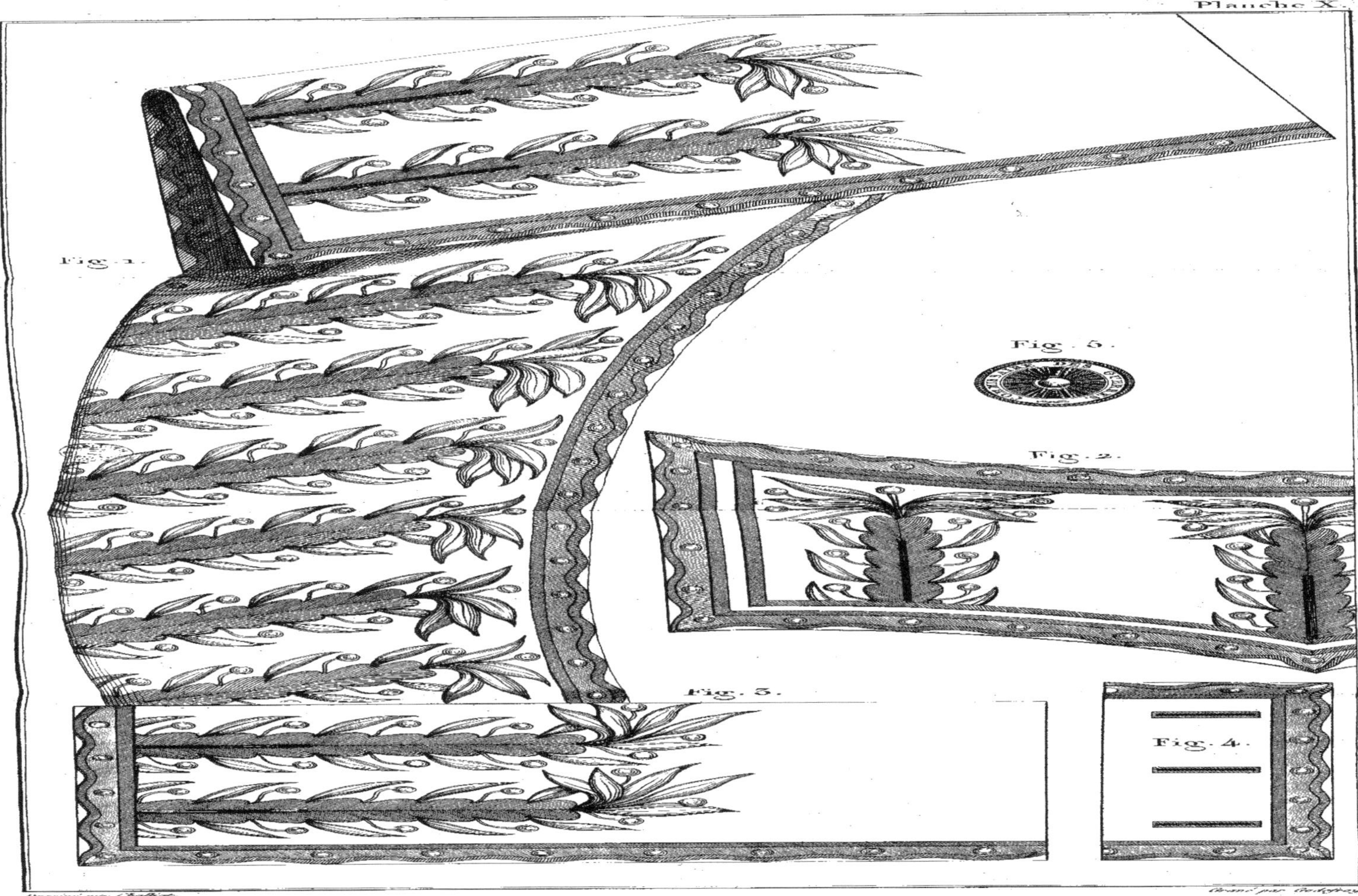

Dessiné par Chaillot. Gravé par Godefroy.

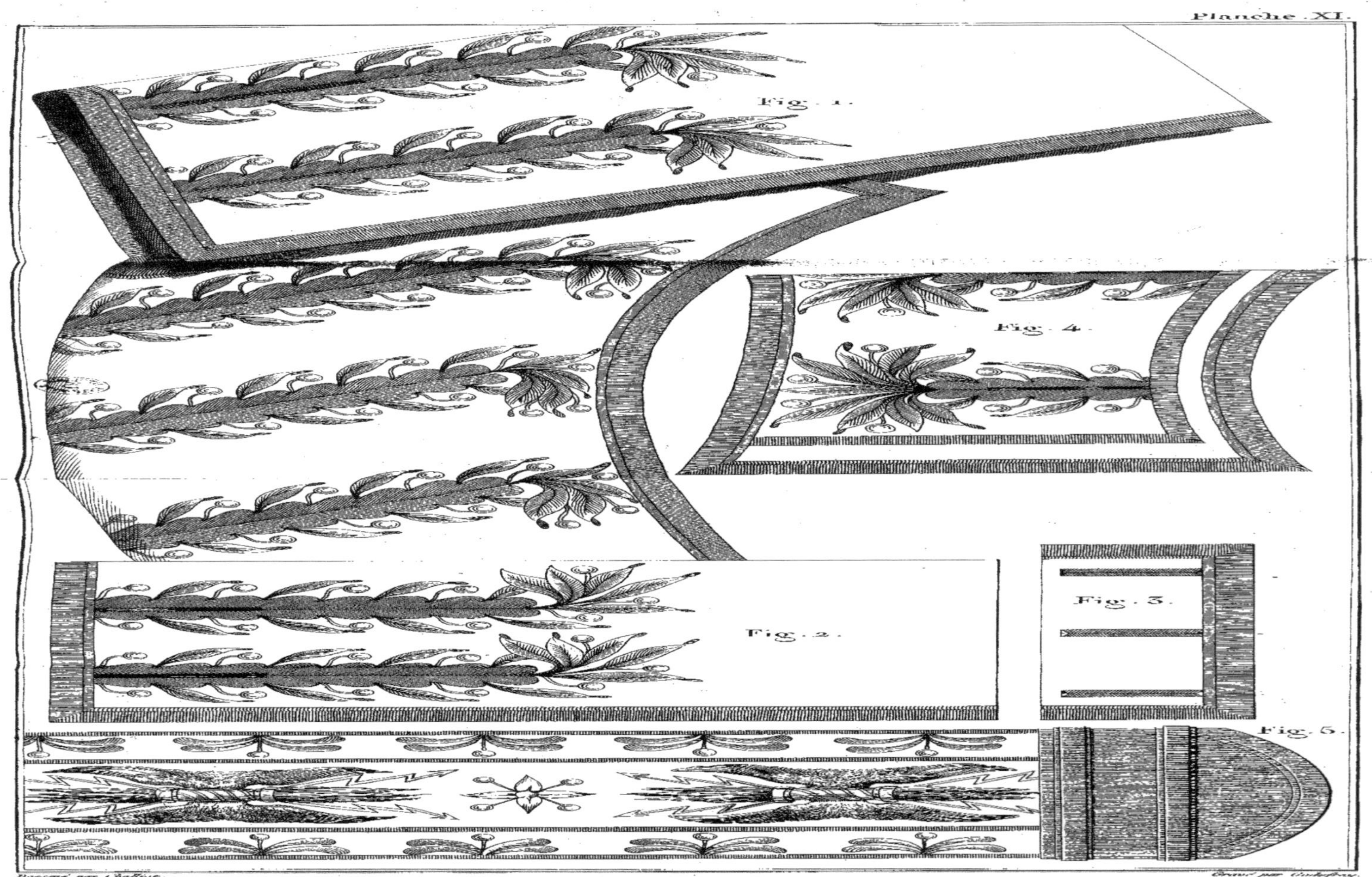
Fig . 1 .
Fig . 4 .
Fig . 2 .
Fig . 3 .
Fig . 5 .

Planche XII.

Fig. 1.
Fig. 2.
COMMISSAIRE DES GUERRES
Fig. 4.
Fig. 3.
Dessiné par Chollet.
Gravé par Godefroy.

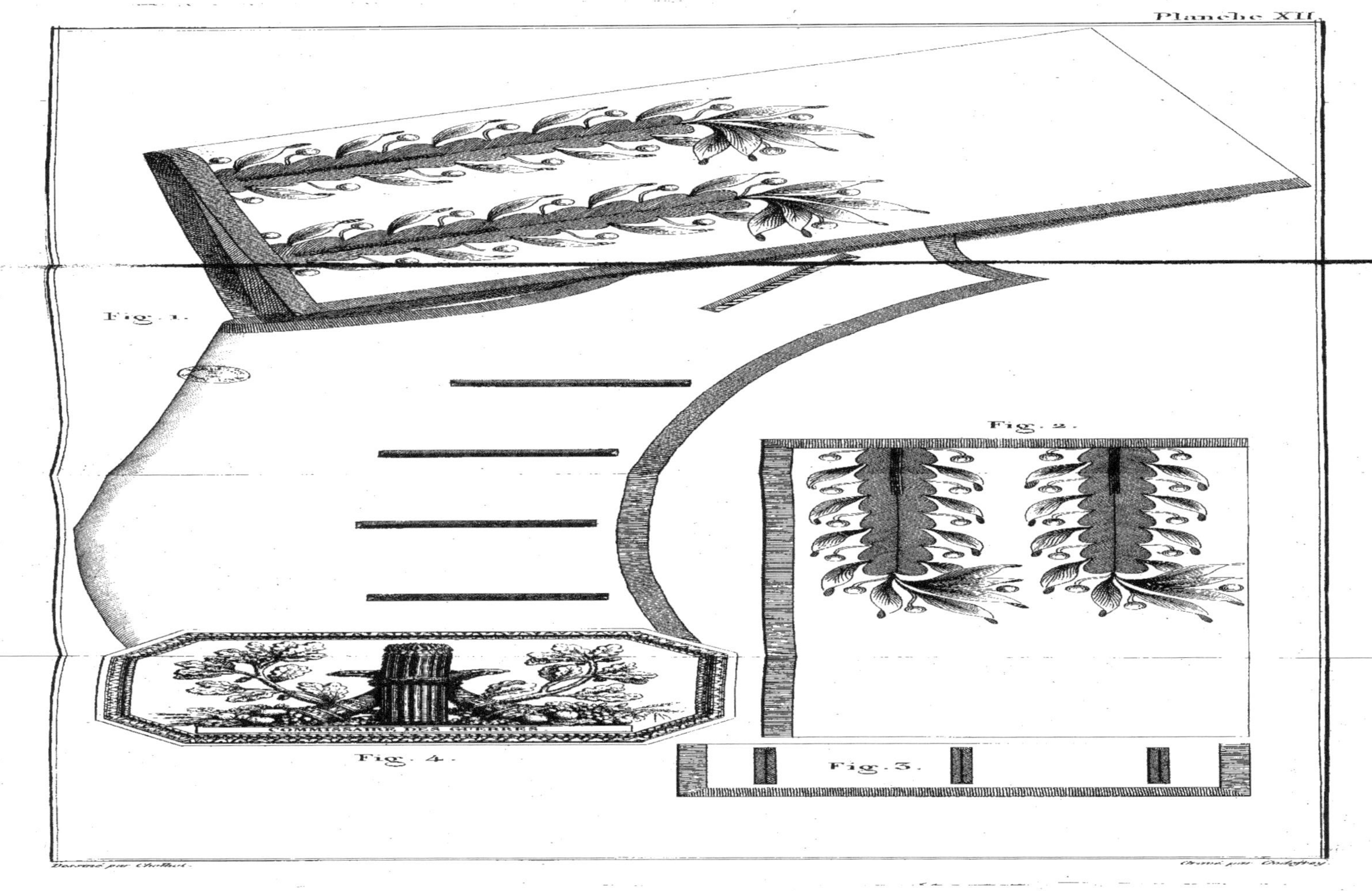

www.ingramcontent.com/pod-product-compliance
Ingram Content Group UK Ltd.
Pitfield, Milton Keynes, MK11 3LW, UK
UKHW020444180726
13839UKWH00004B/1605

9 782329 332727